This Dance Journal Belongs To

My Favourite Dance Styles are:

Lesson Date

Teacher Name

_ _ _ _ _ _ _ _ _ _

Technical Notes:

Corrections given - New Terminology – Goals before next Class

Artistic Notes:

Coaching (personal or ensemble) - choreographic notes

Reflections and Goals:

Thoughts - Progress made against dance goals - Inspiration

Next Class:

Questions – Terminology not Understood – What to work On

Lesson Date   *Teacher Name*

– – – – – –   – – – – –

Technical Notes:

Corrections given - New Terminology – Goals before next Class

Artistic Notes:

Coaching (personal or ensemble) - choreographic notes

Reflections and Goals:

Thoughts - Progress made against dance goals - Inspiration

Next Class:

Questions – Terminology not Understood – What to work On

Lesson Date   Teacher Name

___ ___ ___ ___   ___ ___ ___ ___

Technical Notes:

Corrections given - New Terminology – Goals before next Class

Artistic Notes:

Coaching (personal or ensemble) - choreographic notes

Reflections and Goals:

Thoughts - Progress made against dance goals - Inspiration

Next Class:

Questions – Terminology not Understood – What to work On

Lesson Date   Teacher Name

‒ ‒ ‒ ‒ ‒ ‒   ‒ ‒ ‒ ‒ ‒ ‒

Technical Notes:

Corrections given - New Terminology – Goals before next Class

Artistic Notes:

Coaching (personal or ensemble) - choreographic notes

Reflections and Goals:

Thoughts - Progress made against dance goals - Inspiration

Next Class:

Questions – Terminology not Understood – What to work On

Lesson Date   Teacher Name

– – – – – – –   – – – – – – –

Technical Notes:

Corrections given - New Terminology – Goals before next Class

Artistic Notes:

Coaching (personal or ensemble) - choreographic notes

Reflections and Goals:

Thoughts - Progress made against dance goals - Inspiration

Next Class:

Questions – Terminology not Understood – What to work On

Lesson Date   Teacher Name

_ _ _ _ _ _   _ _ _ _ _ _

Technical Notes:

Corrections given - New Terminology – Goals before next Class

Artistic Notes:

Coaching (personal or ensemble) - choreographic notes

Reflections and Goals:

Thoughts - Progress made against dance goals - Inspiration

Next Class:

Questions – Terminology not Understood – What to work On

FAQ

Lesson Date   Teacher Name

—— —— ——   —— —— ——

Technical Notes:

Corrections given - New Terminology – Goals before next Class

Artistic Notes:

Coaching (personal or ensemble) - choreographic notes

Reflections and Goals:

Thoughts - Progress made against dance goals - Inspiration

Next Class:

Questions – Terminology not Understood – What to work On

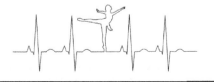

Lesson Date   Teacher Name

– – – – – –   – – – – – –

Technical Notes:

Corrections given - New Terminology – Goals before next Class

Artistic Notes:

Coaching (personal or ensemble) - choreographic notes

Reflections and Goals:

Thoughts - Progress made against dance goals - Inspiration

Next Class:

Questions – Terminology not Understood – What to work On

Lesson Date   Teacher Name

- - - - - -   - - - - -

Technical Notes:

Corrections given - New Terminology – Goals before next Class

Artistic Notes:

Coaching (personal or ensemble) - choreographic notes

Reflections and Goals:

Thoughts - Progress made against dance goals - Inspiration

Next Class:

Questions – Terminology not Understood – What to work On

Lesson Date   Teacher Name

‒ ‒ ‒ ‒ ‒ ‒   ‒ ‒ ‒ ‒ ‒ ‒

Technical Notes:

Corrections given - New Terminology – Goals before next Class

Artistic Notes:

Coaching (personal or ensemble) - choreographic notes

Reflections and Goals:

Thoughts - Progress made against dance goals - Inspiration

Next Class:

Questions – Terminology not Understood – What to work On

Lesson Date   Teacher Name

- - - - - - -   - - - - - -

Technical Notes:

Corrections given - New Terminology – Goals before next Class

Artistic Notes:

Coaching (personal or ensemble) - choreographic notes

Reflections and Goals:

Thoughts - Progress made against dance goals - Inspiration

Next Class:

Questions – Terminology not Understood – What to work On

Lesson Date   *Teacher Name*

‒ ‒ ‒ ‒ ‒ ‒   ‒ ‒ ‒ ‒ ‒ ‒

Technical Notes:

Corrections given - New Terminology – Goals before next Class

Artistic Notes:

Coaching (personal or ensemble) - choreographic notes

Reflections and Goals:

Thoughts - Progress made against dance goals - Inspiration

Next Class:

Questions – Terminology not Understood – What to work On

Lesson Date   Teacher Name

— — — — — —   — — — — —

Technical Notes:

Corrections given - New Terminology – Goals before next Class

Artistic Notes:

Coaching (personal or ensemble) - choreographic notes

Reflections and Goals:

Thoughts - Progress made against dance goals - Inspiration

Next Class:

Questions – Terminology not Understood – What to work On

FAQ

Lesson Date   Teacher Name

- - - - - -   - - - - -

Technical Notes:

Corrections given - New Terminology – Goals before next Class

Artistic Notes:

Coaching (personal or ensemble) - choreographic notes

Reflections and Goals:

Thoughts - Progress made against dance goals - Inspiration

Next Class:

Questions – Terminology not Understood – What to work On

Lesson Date   *Teacher Name*

_ _ _ _ _   _ _ _ _ _

Technical Notes:

Corrections given - New Terminology – Goals before next Class

Artistic Notes:

Coaching (personal or ensemble) - choreographic notes

Reflections and Goals:

Thoughts - Progress made against dance goals - Inspiration

Next Class:

Questions -- Terminology not Understood -- What to work On

Lesson Date   *Teacher Name*

——————   ——————

Technical Notes:

Corrections given - New Terminology – Goals before next Class

Artistic Notes:

Coaching (personal or ensemble) - choreographic notes

Reflections and Goals:

Thoughts - Progress made against dance goals - Inspiration

Next Class:

Questions – Terminology not Understood – What to work On

Lesson Date   *Teacher Name*

— — — — — —   — — — — —

Technical Notes:

Corrections given - New Terminology – Goals before next Class

Artistic Notes:

Coaching (personal or ensemble) - choreographic notes

Reflections and Goals:

Thoughts - Progress made against dance goals - Inspiration

Next Class:

Questions – Terminology not Understood – What to work On

Lesson Date   Teacher Name

‒ ‒ ‒ ‒ ‒ ‒   ‒ ‒ ‒ ‒ ‒ ‒

Technical Notes:

Corrections given - New Terminology – Goals before next Class

Artistic Notes:

Coaching (personal or ensemble) - choreographic notes

Reflections and Goals:

Thoughts - Progress made against dance goals - Inspiration

Next Class:

Questions – Terminology not Understood -- What to work On

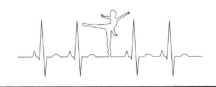

Lesson Date   *Teacher Name*

_ _ _ _ _ _   _ _ _ _ _ _

Technical Notes:

Corrections given - New Terminology – Goals before next Class

Artistic Notes:

Coaching (personal or ensemble) - choreographic notes

Reflections and Goals:

Thoughts - Progress made against dance goals - Inspiration

Next Class:

Questions – Terminology not Understood – What to work On

Lesson Date   Teacher Name

‑ ‑ ‑ ‑ ‑   ‑ ‑ ‑ ‑ ‑

Technical Notes:

Corrections given - New Terminology – Goals before next Class

Artistic Notes:

Coaching (personal or ensemble) - choreographic notes

Reflections and Goals:

Thoughts - Progress made against dance goals - Inspiration

Next Class:

Questions – Terminology not Understood – What to work On

Lesson Date   Teacher Name

– – – – – –   – – – – – –

Technical Notes:

Corrections given - New Terminology – Goals before next Class

Artistic Notes:

Coaching (personal or ensemble) - choreographic notes

Reflections and Goals:

Thoughts - Progress made against dance goals - Inspiration

Next Class:

Questions – Terminology not Understood – What to work On

Lesson Date   Teacher Name

— — — — —   — — — — —

Technical Notes:

Corrections given - New Terminology – Goals before next Class

Artistic Notes:

Coaching (personal or ensemble) - choreographic notes

Reflections and Goals:

Thoughts - Progress made against dance goals - Inspiration

Next Class:

Questions – Terminology not Understood – What to work On

Lesson Date   *Teacher Name*

‒ ‒ ‒ ‒ ‒ ‒   ‒ ‒ ‒ ‒ ‒

Technical Notes:

Corrections given - New Terminology – Goals before next Class

Artistic Notes:

Coaching (personal or ensemble) - choreographic notes

Reflections and Goals:

Thoughts - Progress made against dance goals - Inspiration

Next Class:

Questions – Terminology not Understood – What to work On

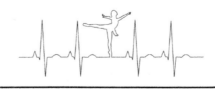

Lesson Date   Teacher Name

_ _ _ _ _ _   _ _ _ _ _ _

Technical Notes:

Corrections given - New Terminology – Goals before next Class

Artistic Notes:

Coaching (personal or ensemble) - choreographic notes

Reflections and Goals:

Thoughts - Progress made against dance goals - Inspiration

Next Class:

Questions – Terminology not Understood – What to work On

Lesson Date   Teacher Name

_ _ _ _ _ _   _ _ _ _ _ _

Technical Notes:

Corrections given - New Terminology – Goals before next Class

Artistic Notes:

Coaching (personal or ensemble) - choreographic notes

Reflections and Goals:

Thoughts - Progress made against dance goals - Inspiration

Next Class:

Questions – Terminology not Understood – What to work On

Lesson Date   *Teacher Name*

– – – – – – – –   – – – – – – –

Technical Notes:

Corrections given - New Terminology – Goals before next Class

Artistic Notes:

Coaching (personal or ensemble) - choreographic notes

Reflections and Goals:

Thoughts - Progress made against dance goals - Inspiration

Next Class:

Questions – Terminology not Understood – What to work On

Lesson Date   Teacher Name

–– –– –– –– ––   –– –– –– –– ––

Technical Notes:

Corrections given - New Terminology – Goals before next Class

Artistic Notes:

Coaching (personal or ensemble) - choreographic notes

Reflections and Goals:

Thoughts - Progress made against dance goals - Inspiration

Next Class:

Questions – Terminology not Understood – What to work On

FAQ

Lesson Date   *Teacher Name*

_ _ _ _ _   _ _ _ _ _

Technical Notes:

Corrections given - New Terminology – Goals before next Class

Artistic Notes:

Coaching (personal or ensemble) - choreographic notes

Reflections and Goals:

Thoughts - Progress made against dance goals - Inspiration

Next Class:

Questions – Terminology not Understood – What to work On

FAQ

Lesson Date   *Teacher Name*

_ _ _ _ _ _ _   _ _ _ _ _ _

Technical Notes:

Corrections given - New Terminology – Goals before next Class

Artistic Notes:

Coaching (personal or ensemble) - choreographic notes

Reflections and Goals:

Thoughts - Progress made against dance goals - Inspiration

Next Class:

Questions – Terminology not Understood – What to work On

Lesson Date   *Teacher Name*

_ _ _ _ _ _ _   _ _ _ _ _ _

Technical Notes:

Corrections given - New Terminology – Goals before next Class

Artistic Notes:

Coaching (personal or ensemble) - choreographic notes

Reflections and Goals:

Thoughts - Progress made against dance goals - Inspiration

Next Class:

Questions -- Terminology not Understood -- What to work On

Lesson Date

Teacher Name

_ _ _ _ _ _   _ _ _ _ _

Technical Notes:

Corrections given - New Terminology – Goals before next Class

Artistic Notes:

Coaching (personal or ensemble) - choreographic notes

Reflections and Goals:

Thoughts - Progress made against dance goals - Inspiration

Next Class:

Questions – Terminology not Understood – What to work On

Lesson Date   *Teacher Name*

– – – – – – –   – – – – – –

Technical Notes:

Corrections given - New Terminology – Goals before next Class

Artistic Notes:

Coaching (personal or ensemble) - choreographic notes

Reflections and Goals:

Thoughts - Progress made against dance goals - Inspiration

Next Class:

Questions – Terminology not Understood – What to work On

Lesson Date   *Teacher Name*

‑ ‑ ‑ ‑ ‑ ‑   ‑ ‑ ‑ ‑ ‑ ‑

Technical Notes:

Corrections given - New Terminology – Goals before next Class

Artistic Notes:

Coaching (personal or ensemble) - choreographic notes

Reflections and Goals:

Thoughts - Progress made against dance goals - Inspiration

Next Class:

Questions -- Terminology not Understood -- What to work On

Lesson Date   Teacher Name

_ _ _ _ _ _   _ _ _ _ _

Technical Notes:

Corrections given - New Terminology – Goals before next Class

Artistic Notes:

Coaching (personal or ensemble) - choreographic notes

Reflections and Goals:

Thoughts - Progress made against dance goals - Inspiration

Next Class:

Questions – Terminology not Understood – What to work On

FAQ

Lesson Date   Teacher Name

— — — — —   — — — —

Technical Notes:

Corrections given - New Terminology – Goals before next Class

Artistic Notes:

Coaching (personal or ensemble) - choreographic notes

Reflections and Goals:

Thoughts - Progress made against dance goals - Inspiration

Next Class:

Questions – Terminology not Understood – What to work On

Lesson Date   Teacher Name

_ _ _ _ _   _ _ _ _ _

Technical Notes:

Corrections given - New Terminology – Goals before next Class

Artistic Notes:

Coaching (personal or ensemble) - choreographic notes

Reflections and Goals:

Thoughts - Progress made against dance goals - Inspiration

Next Class:

Questions – Terminology not Understood – What to work On

Lesson Date   *Teacher Name*

— — — — —   — — — — —

Technical Notes:

Corrections given - New Terminology – Goals before next Class

Artistic Notes:

Coaching (personal or ensemble) - choreographic notes

Reflections and Goals:

Thoughts - Progress made against dance goals - Inspiration

Next Class:

Questions – Terminology not Understood – What to work On

Lesson Date　　　　*Teacher Name*

-- -- -- -- -- -- 　 -- -- -- -- --

Technical Notes:

Corrections given - New Terminology – Goals before next Class

Artistic Notes:

Coaching (personal or ensemble) - choreographic notes

Reflections and Goals:

Thoughts - Progress made against dance goals - Inspiration

Next Class:

Questions – Terminology not Understood – What to work On

Lesson Date   *Teacher Name*

_ _ _ _ _ _ _ _   _ _ _ _ _ _ _

Technical Notes:

Corrections given - New Terminology – Goals before next Class

Artistic Notes:

Coaching (personal or ensemble) - choreographic notes

Reflections and Goals:

Thoughts - Progress made against dance goals - Inspiration

Next Class:

Questions – Terminology not Understood – What to work On

FAQ

Lesson Date   *Teacher Name*

_ _ _ _ _ _   _ _ _ _ _ _

Technical Notes:

Corrections given - New Terminology – Goals before next Class

Artistic Notes:

Coaching (personal or ensemble) - choreographic notes

Reflections and Goals:

Thoughts - Progress made against dance goals - Inspiration

Next Class:

Questions – Terminology not Understood – What to work On

FAQ

Lesson Date   *Teacher Name*

- - - - - - - - - -   - - - - - - - - - -

Technical Notes:

Corrections given - New Terminology – Goals before next Class

Artistic Notes:

Coaching (personal or ensemble) - choreographic notes

Reflections and Goals:

Thoughts - Progress made against dance goals - Inspiration

Next Class:

Questions – Terminology not Understood – What to work On

Lesson Date   *Teacher Name*

_ _ _ _ _ _   _ _ _ _ _ _

Technical Notes:

Corrections given - New Terminology – Goals before next Class

Artistic Notes:

Coaching (personal or ensemble) - choreographic notes

Reflections and Goals:

Thoughts - Progress made against dance goals - Inspiration

Next Class:

Questions – Terminology not Understood – What to work On

Lesson Date   Teacher Name

_ _ _ _ _   _ _ _ _ _

Technical Notes:

Corrections given - New Terminology – Goals before next Class

Artistic Notes:

Coaching (personal or ensemble) - choreographic notes

Reflections and Goals:

Thoughts - Progress made against dance goals - Inspiration

Next Class:

Questions – Terminology not Understood – What to work On

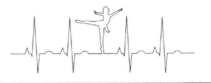

Lesson Date   Teacher Name

— — — — — —   — — — —

Technical Notes:

Corrections given - New Terminology – Goals before next Class

Artistic Notes:

Coaching (personal or ensemble) - choreographic notes

Reflections and Goals:

Thoughts - Progress made against dance goals - Inspiration

Next Class:

Questions – Terminology not Understood – What to work On

Lesson Date   Teacher Name

_ _ _ _ _ _   _ _ _ _ _ _ _

Technical Notes:

Corrections given - New Terminology – Goals before next Class

Artistic Notes:

Coaching (personal or ensemble) - choreographic notes

Reflections and Goals:

Thoughts - Progress made against dance goals - Inspiration

Next Class:

Questions – Terminology not Understood -- What to work On

Lesson Date   *Teacher Name*

— — — — —   — — — — —

Technical Notes:

Corrections given - New Terminology – Goals before next Class

Artistic Notes:

Coaching (personal or ensemble) - choreographic notes

Reflections and Goals:

Thoughts - Progress made against dance goals - Inspiration

Next Class:

Questions – Terminology not Understood – What to work On

FAQ

Lesson Date   Teacher Name

_ _ _ _ _ _ _   _ _ _ _ _ _ _

Technical Notes:

Corrections given - New Terminology – Goals before next Class

Artistic Notes:

Coaching (personal or ensemble) - choreographic notes

Reflections and Goals:

Thoughts - Progress made against dance goals - Inspiration

Next Class:

Questions – Terminology not Understood – What to work On

FAQ

Lesson Date   Teacher Name

— — — — —   — — — — —

Technical Notes:

Corrections given - New Terminology – Goals before next Class

Artistic Notes:

Coaching (personal or ensemble) - choreographic notes

Reflections and Goals:

Thoughts - Progress made against dance goals - Inspiration

Next Class:

Questions – Terminology not Understood – What to work On

FAQ

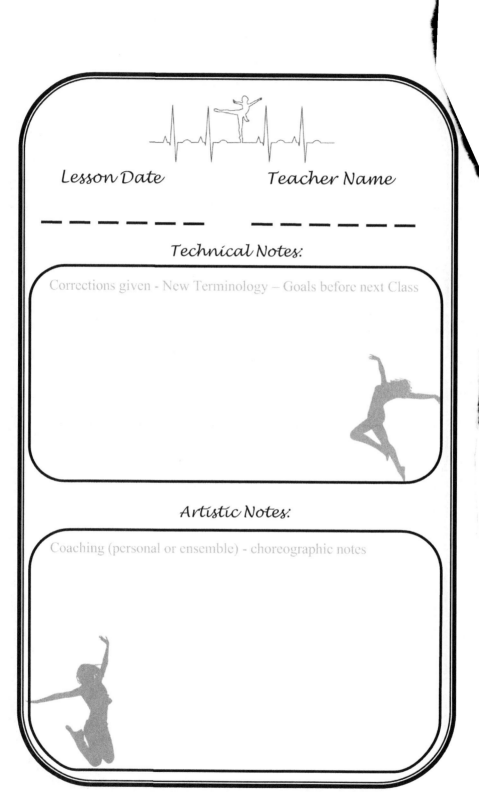

Lesson Date   Teacher Name

_ _ _ _ _ _   _ _ _ _ _ _

Technical Notes:

Corrections given - New Terminology – Goals before next Class

Artistic Notes:

Coaching (personal or ensemble) - choreographic notes

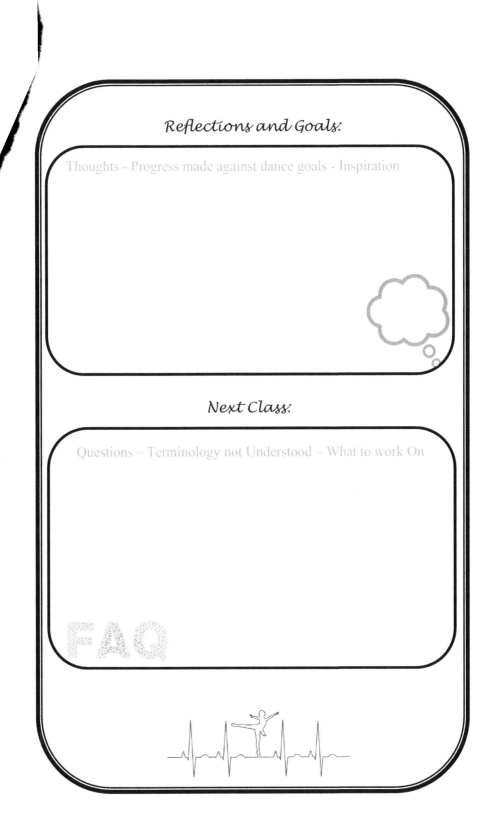

Reflections and Goals:

Thoughts - Progress made against dance goals - Inspiration

Next Class:

Questions – Terminology not Understood – What to work On

FAQ

Lesson Date   Teacher Name

- - - - - -   - - - - - -

Technical Notes:

Corrections given - New Terminology – Goals before next Class

Artistic Notes:

Coaching (personal or ensemble) - choreographic notes

Reflections and Goals:

Thoughts - Progress made against dance goals - Inspiration

Next Class:

Questions – Terminology not Understood – What to work On

FAQ

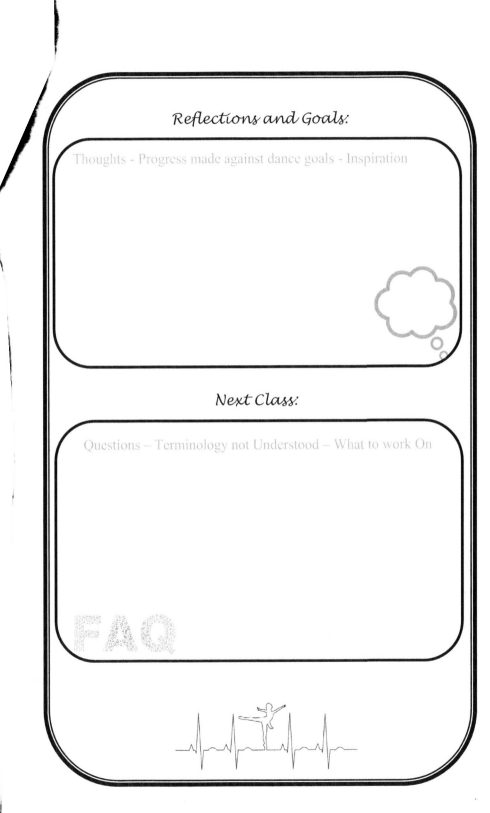

Lesson Date   Teacher Name

— — — — —   — — — — —

Technical Notes:

Corrections given - New Terminology – Goals before next Class

Artistic Notes:

Coaching (personal or ensemble) - choreographic notes

Reflections and Goals:

Thoughts - Progress made against dance goals - Inspiration

Next Class:

Questions – Terminology not Understood – What to work On

FAQ

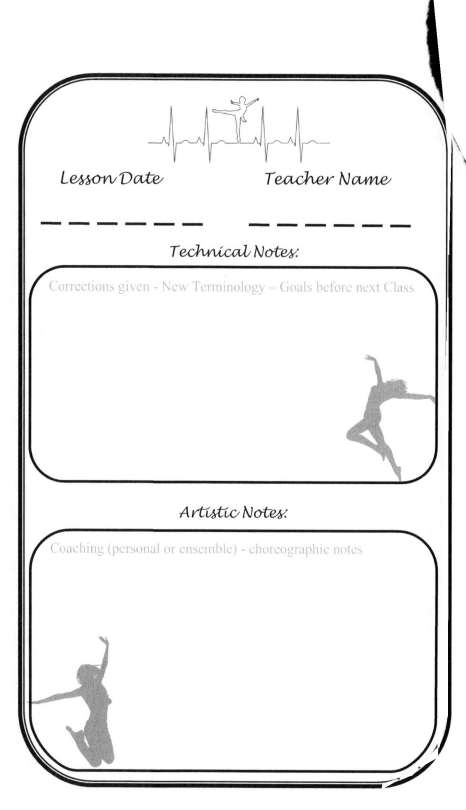

Lesson Date

Teacher Name

_ _ _ _ _ _   _ _ _ _ _ _

Technical Notes:

Corrections given - New Terminology – Goals before next Class

Artistic Notes:

Coaching (personal or ensemble) - choreographic notes

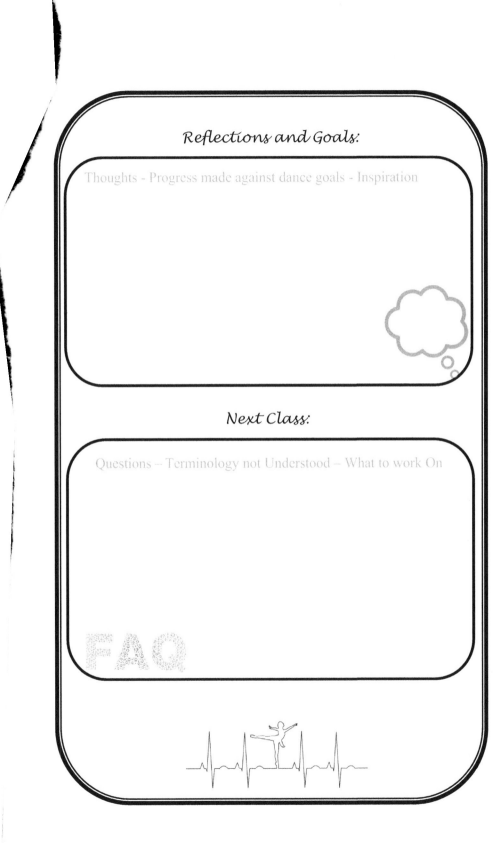

Reflections and Goals:

Thoughts - Progress made against dance goals - Inspiration

Next Class:

Questions -- Terminology not Understood -- What to work On

FAQ

Space for Your Lists

List Ideas:
- Helpful stretches and strengthening ideas
- Research (dancers, companies, videos, songs)
- Funny and inspirational quotes
- Wishlist
- Competition Prep

Space for Your Lists

Printed in Great Britain
by Amazon